自力旅游中国

バスに揺られて
自力で承徳
Tabisuru CHINA 003
鉄道と路線バスでゆく
避暑山荘と外八廟

Asia City Guide Production

【白地図】北京から承徳へ

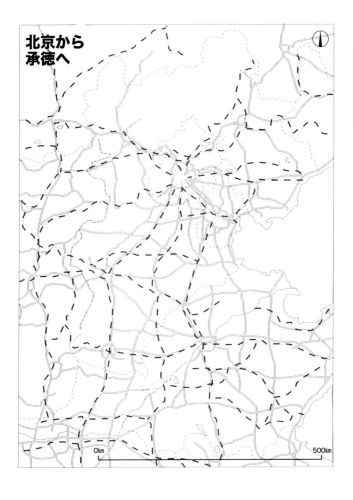

【白地図】北京市街

CHINA
承徳

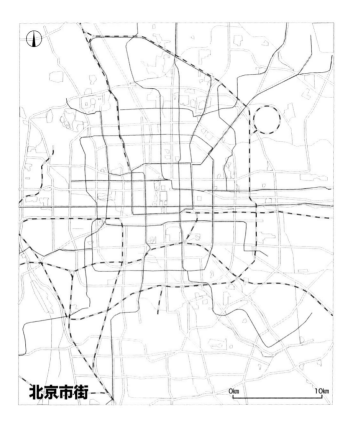

【白地図】北京駅

CHINA
承徳

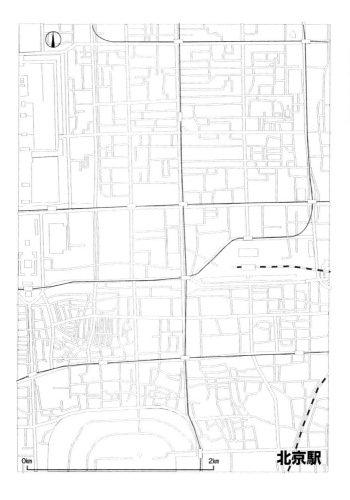

Chengde 白地図

北京駅

【白地図】六里橋バスターミナル

CHINA
承徳

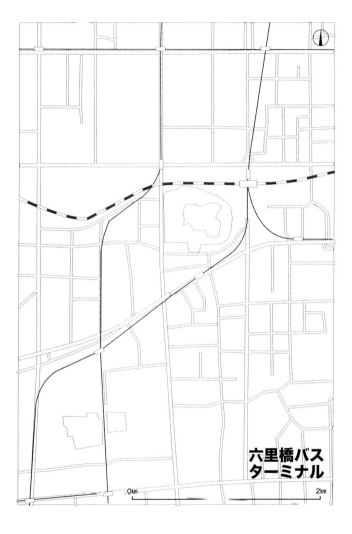

白地図

【白地図】四恵バスターミナル

CHINA
承徳

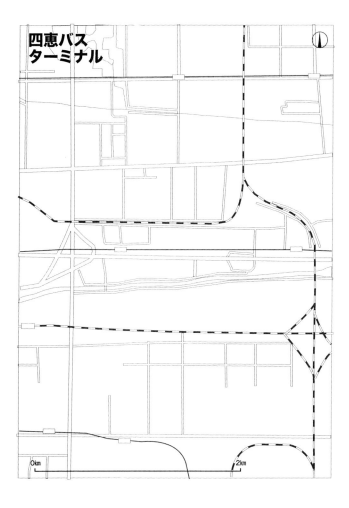

【白地図】承徳8大エリア

CHINA
承徳

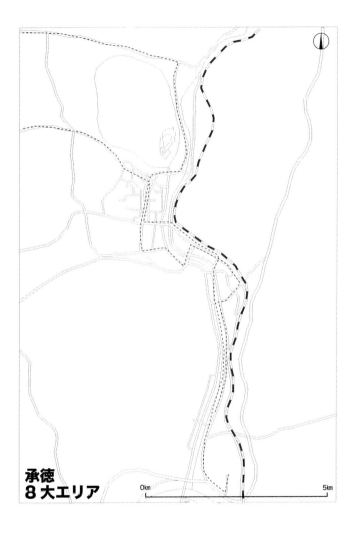

【白地図】承徳市街

CHINA
承徳

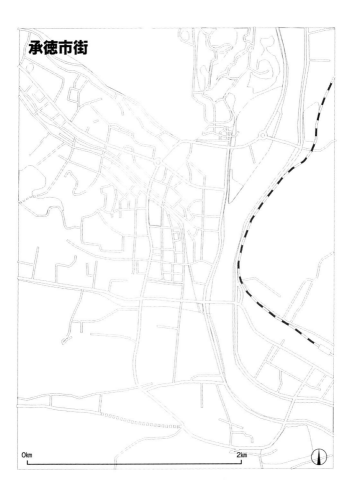

【白地図】避暑山荘

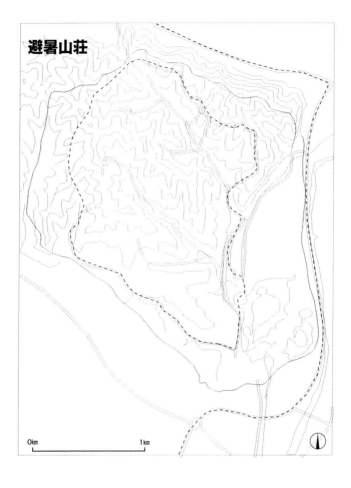

【白地図】避暑山荘中心部

CHINA
承徳

【白地図】外八廟

CHINA
承徳

外八廟

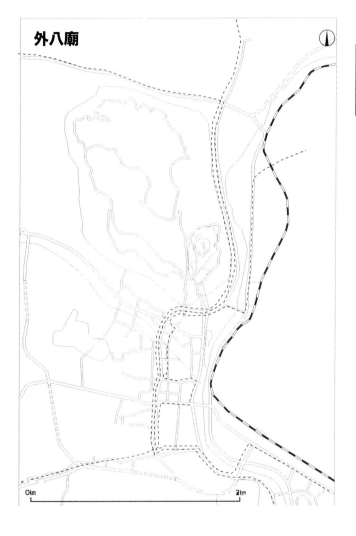

Chengde 白地図

【白地図】外八廟拡大

CHINA
承徳

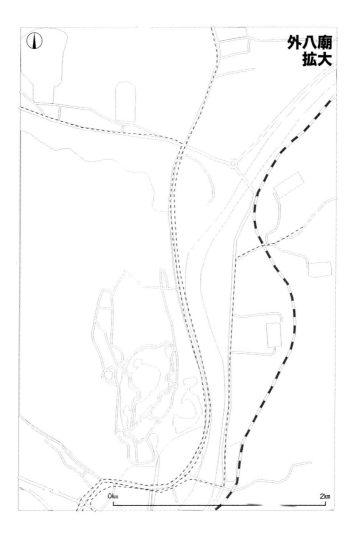

【白地図】金山嶺長城

CHINA
承徳

金山嶺長城

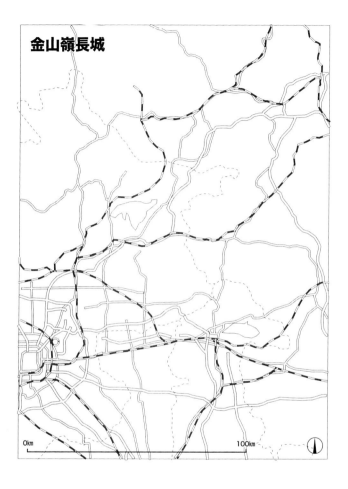

Chengde 白地図

【旅するチャイナ】
001 バスに揺られて「自力で長城」
002 バスに揺られて「自力で石家荘」
003 バスに揺られて「自力で承徳」
004 船に揺られて「自力で普陀山」
005 バスに揺られて「自力で天台山」
006 バスに揺られて「自力で秦皇島」
007 バスに揺られて「自力で張家口」
008 バスに揺られて「自力で邯鄲」
009 バスに揺られて「自力で保定」
010 バスに揺られて「自力で清東陵」

CHINA
承徳

承徳は、清朝（1616～1912年）の夏の離宮「避暑山荘」がおかれた都です。避暑山荘の周囲には、それは見事な寺廟「外八廟」がならび、壮観な景色をかたちづくっています。そして、承徳避暑山荘と外八廟は世界遺産に指定されています。

ところで、「避暑山荘」という離宮名が示すように、承徳は清朝皇帝が北京の暑さをさけ、避暑に訪れた場所です。承徳は「モンゴリアでもっとも美しい場所」とされるなど、夏の牧草地として青々とした樹木が茂る風光明媚な地だと言われ

自力で承徳
バスに揺られて
Tabisuru CHINA 003

ます。

　ところが、このレポートはあろうことか「避暑山荘」を冬に訪れた記録＆案内となります。冬の空気が際立たせる故宮の美しいたたずまいを写真に撮るべく、北京に滞在しており、そのあいだの数日を利用して承徳を訪れたのです。はっきり言って無茶苦茶に寒かったです。それではやや稀有なパターンかもしれませんが、冬の承徳で調査した街歩きの方法をご案内いたします。

【自力旅游中国】

Tabisuru CHINA 003 自力で承徳

目次

自力で承徳	xxvi
承徳どんなとこ？	xxx
北京から承徳へ	xxxix
ざっくり承徳を把握	xlix
歩こう避暑山荘と市街	lxvi
外八廟行ってみよう	lxxx
外八廟行ってみよう2	xcvi
承徳見て食べたもの	cviii
さあ北京へ帰ろう	cxiii
おまけで金山嶺長城へ	cxvii
あとがき	cxxiii

【MEMO】

承徳 どんなとこ？

万里の長城越えてゆこう
承徳は熱河の名前でも知られた
美しい街です

承徳は熱河

承徳は清朝の都「北京」とその故地（先祖の地）である「瀋陽」の中間に位置します。現在は河北省の領域に入っていますが、かつて万里の長城外の「塞外の地」とされていました。1703年に避暑山荘が建設されるまで、モンゴル族の放牧地だったところです。この街の古名を「熱河」と言います。避暑山荘の一角にある熱河泉から温泉が湧き出し、それが流れる武烈河は「冬でも凍らない」ことから、熱河と呼ばれたというのです。そして、河川の名前がそのまま街名「熱河」となったのでした。ところで、避暑山荘を築いた清朝第 4 代康熙帝（在

承徳どんなとこ？ Chengde

位 1661 〜 1722 年）は、中国史を代表する名君と知られています。自ら倹約し、民情を視察し、清朝の黄金時代を築いたのです。そのため康熙帝死後の 1733 年、この街の創始者でもあった康熙帝の徳をたたえ、「（康熙帝の）徳を継承する」という意味で、街は「承徳」と呼ばれるようになりました。

熱河ってほんとですか？？

最初に本来、夏訪れるのが一般的な承徳に、やや痛くも、冬訪れてしまった・・・と書きましたが、冬に訪れたからこそ見られたものもあったのです。承徳を語るにあたって、必ず

CHINA
承徳

と言っていいほど出てくるのが先ほどの「熱河＝温泉」「冬でも凍らない熱河（武烈河）」というくだりです。ところが12月末に街を訪れたところ、見事に凍っておりました。「武烈河（熱河）」も、避暑山荘の「熱河泉」も、カッチンコッチンです。こうした場合、旅行ガイド的にはものすごく書きかたに困ってしまうのです。「水、暖春のごとし」とたたえられたのは事実のようですが、「冬、凍らない熱河」とは書きにくくなってしまいます。そのため、熱河は熱河でないかもしれない、とそえておきたいと思います。

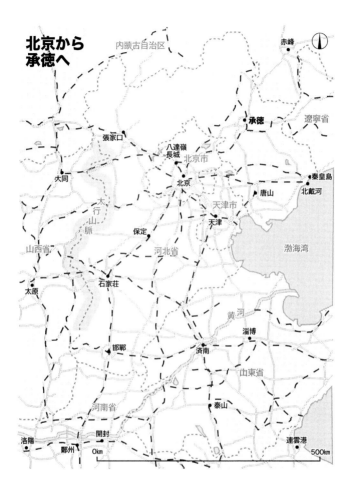

Chengde　承徳どんなとこ？

CHINA
承徳

観光にどのぐらいの時間が必要？

承徳はその目的（個人）にあわせて、観光する時間がずいぶん変わる観光地だと言えます。というのは、「観光×グルメ×ショッピング」のようなバランスのとれた北京のような街と違って、「観光×3」といった寺廟建築のオンパレードで、もちろんレストランも多いけど、食やショッピングでは北京ほどの楽しみは得られないからです。でも寺廟好きにはたまらないかもしれません。そのため、承徳観光はできれば2日。特急でまわる場合は1日の滞在をご提案します（北京からの日帰りは不可能なので、夜行などをご利用ください）。具体

▲左　外八廟のひとつ普寧寺、凸型の外観をもつ大乗閣。　▲右　チベット仏教のマニ車

的には、避暑山荘は超広大で、すべてをエリアを見るのはほぼ不可能。けれども宮殿区と湖泊区、平原区を中心にすれば、半日もあれば見れちゃいます。もうひとつの見どころは外八廟ですが、これもまたすべて見るのはかなり骨が折れます。そのため、滞在時間にあわせて行きたい場所をチョイスしましょう。

2日滞在の場合のおすすめ1日目

避暑山荘宮殿区（Must）

避暑山荘湖泊区（Must）

避暑山荘平原区（Must）

承徳市街ぶらり散歩

※避暑山荘広すぎて歩くの疲れます。夏は50元でカートに乗れるようです。

2日滞在の場合のおすすめ2日目

普寧寺（Must）。最低1時間

普陀宗乗之廟（Must）。最低1時間

須弥福寿之廟（Must）。最低1時間

磬錘峰

承徳市街ぶらり散歩

※外八廟はそれぞれは立派なのだけど、同じ寺廟続きの観光で疲れます。

1 日滞在の場合のおすすめ

普陀宗乗之廟（Must）

須弥福寿之廟（Must）

普寧寺（以上は Must で午前中）

避暑山荘（Must）

※外八廟のほうが見応えはあります。

北京から承徳へ

さあ世界遺産の承徳へ
北京から承徳へは鉄道で3時間半〜6時間ほど
列車とバスが出ています

北京からの旅程

承徳への起点となるのは断然北京です。もちろん瀋陽からの便や天津からの便もありますが、本数と利便性を考えると断然北京から訪れるのが便利です。そして、今回の旅程では北京から夜行列車に乗って承徳を訪れ、承徳に滞在してから再び、夜行列車に乗って北京へ戻るというルートをとりました。下記のアクセス情報を見ていただければわかりますが、実は北京から承徳へは鉄道で行くよりも、バスで行くほうが早く着くのです（調査時点の話）。そして、所要3〜4時間半ほどの距離を移動するのは時間がもったいない＆宿泊費の節約

CHINA
承徳

というところから、片道所要6時間、夜出て朝帰る夜行便を行き帰りとも利用しました。そして、承徳では路線バスとタクシーを併用してまわりました。そのため、この旅行ガイドは、1，実際に鉄道や路線バスに乗った情報、2，駅やバス停で調査した情報、3，公式ページなどからとった伝聞情報で構成されます。

北京から承徳へ

北京から承徳へ。鉄道の場合、建国門近くの「北京駅」から乗車して、「承徳駅」へといたります。またバスを利用する

Chengde 北京から承徳へ

場合は「六里橋バスターミナル」か、「四恵バスターミナル」から「承徳東バスターミナル」までの便が出ています。承徳駅から街の中心の避暑山荘までは2kmほど離れておりまして、承徳東バスターミナルから避暑山荘までは6kmほど離れております（承徳東バスターミナルは、避暑山荘のある盆地から出た南郊外に位置します）。もちろん行きは鉄道で帰りはバス、その逆でもOKです。ポイントは実はバスのほうが早く着くというところです。そのため、行きは夜行で承徳まで行って、帰りは夕方に北京に着くようにバスで帰ってくるということも可能です。

鉄道で北京から承徳

・乗り場は北京駅

・所要4時間半〜6時間

・1〜数時間に1本程度

・料金硬臥59元（乗る座席のタイプで100元程度まで変動あり。硬臥は2等寝台車）

バスで北京から承徳

・乗り場は北京西駅近くの六里橋バスターミナル(六里桥长途汽车站)か、地鉄1号線四恵駅近くの四恵バスターミナル(四惠长途汽车站)

・所要3時間半

・30分〜1時間に1本程度

・料金85元程度(乗るバスで変動あり)

CHINA
承徳

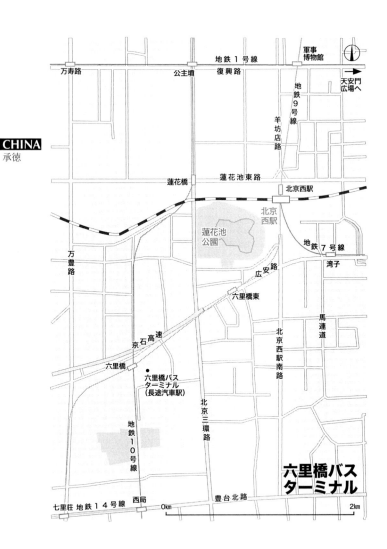

我想去承德

[見せる中国語]
wǒ xiǎng qù chéng dé
ウォシィアンチュウチァンダアァ
私は承徳に行きたい

ざっくり承徳を把握

さて承徳に着きました
ここは北京文化が香るとは言え塞外の地
街は都市部とは少し異なる表情を見せています

承徳8大エリア

承徳観光で最初に抑えておきたい8大エリアです。まず街の玄関口となる「承徳駅」、市街中心部でホテルやレストランの集まる「火神廟（康熙銅像）」、避暑山荘の正門にあたる麗正門がある「避暑山荘（麗正門）」、モンゴルの包（パオ）や永佑寺に近い「万寿園（東北二門）」、磬錘峰や普楽寺への入口にあたる「索道公司」、見事な千手観音像が見られる「普寧寺」、そして普陀宗乗之廟や須弥福寿之廟に近い「普陀宗乗之廟」、最後にバスのアクセス拠点になる南郊外の「承徳東バスターミナル」です。ホテルをとるなら、第1におすす

めなのが「火神廟（康熙銅像）」、第2に「承徳駅」です。外八廟などの観光地ではあまり食事をとるところがなく、「火神廟（康熙銅像）」近くの中興路がレストランがずらりとならぶエリアとなっています。

承徳の路線バス

承徳の路線バスは10〜15分間隔でやってきます（実際に乗車していない夏のみ運行の118路は確認できず）。朝6時半ごろ〜夕方17時ごろまで運行。それ以後は便によって違い、たとえば1路なら18時55分が終バスです。料金は1元〜で

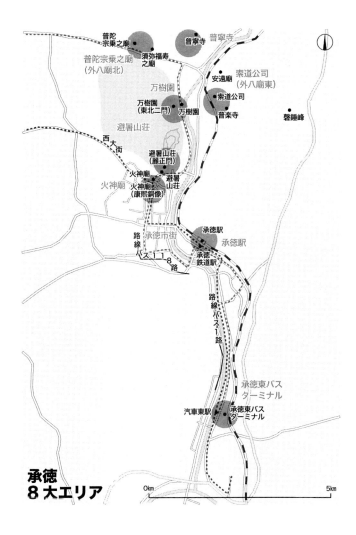

すので、とってもお得に旅行できてしまいます。ちなみにタクシーはひと乗り7元から（2km以内）となっています。

承徳市街と承徳駅（東バスターミナル）の移動

鉄道駅しろ、承徳東バスターミナルにしろ、承徳に着いたら市街中心部に移動しなくてなりません。旅行者にとっての市街中心部とは避暑山荘正門にあたる「避暑山荘（麗正門）」か「火神廟（康熙銅像）」のことです。そして、この両者は500mほどの距離なので歩けます。そのため、承徳に着き、ホテルで旅装をといたなら、まずはどちらかに移動しましょ

う。承徳駅からは路線バス1路か2路、5路、118路、東バスターミナルからなら1路、118路が市街部へと伸びています。

［アクセス情報］承徳駅から市街へ

・「避暑山荘（麗正門）」へ。5路か118路で「避暑山荘（避暑山庄）」下車。または1路で「火神廟（火神庙）」下車。そこから徒歩500m 7分。

・「火神廟（康熙銅像）」へ。1路か2路か5路か118路で「火神廟（火神庙）」

▲左 黄金の瑠璃瓦、手の込んだ建築。 ▲右 冬、避暑山荘湖泊区は凍りついていた

［アクセス情報］承徳東バスターミナルから市街へ

・「避暑山荘（麗正門）」へ。1路で「火神廟（火神庙）」、そこから徒歩500m7分。もしくは118路で「避暑山荘（避暑山庄）」下車

・「火神廟（康熙銅像）」へ。1路か118路で「火神廟（火神庙）」下車

【MEMO】

承徳

[DATA] 路線バス1路

・東バスターミナル～鉄道駅～火神廟を結ぶ路線バス

・ひと乗り1元

・朝6時～夕方18時55分に運行

・荘頭営 庄头营～荘頭営村南 庄头营村南～晶新科技 晶新科技～坂和公司 阪和公司～南互通 南互通～大石廟橋 大石庙桥～汽車東駅 汽车东站～交警支隊 交警支队～冀東汽車交易 冀东汽车交易～双山洞 双山洞～市公安局 市公安局～行政中心 行政中心～世紀城 世紀城～老居宅 老居宅～中居宅 中居宅～福隆小区 福隆小区～承徳鉄道駅 火车站～新居

宅 新居宅〜温州批発市場 温州批发市场〜新華路 新华路〜寛広超市 宽广超市〜二仙居 二仙居〜火神廟 火神庙〜市中心医院 市中心医院〜二道牌楼 二道牌楼〜中医院 中医院〜安定里 安定里〜頭道牌楼 头道牌楼〜下営房 下营房〜軽小型修理廠 轻小型修理厂〜公交総公司 公交总公司〜新家園小区 新家园小区〜高廟東 高庙东〜高廟 高庙〜汽車西駅 汽车西站

[見せる中国語]
wǒ xiǎng qù chéng dé huǒ chē zhàn
ウォシィアンチュウ
チァンダァアフゥオチャアヂィアン
私は承徳鉄道駅に行きたい

我想去
承德火车站

[見せる中国語]
wǒ xiǎng qù huǒ shén miào
ウォシィアンチュウ
フゥオシェンミャオ
私は火神廟に行きたい

我想去
火神庙

[見せる中国語]
wǒ xiǎng qù bì shǔ shān zhuāng
ウォシィアンチュウ
ビイシュウシャンチュゥアン
私は避暑山荘（麗正門）に行きたい

我想去
避暑山庄

[見せる中国語]
wǒ xiǎng qù wàn shù yuán
ウォシィアンチュウ
ワァンシュウユゥエン
私は万樹園に行きたい
我想去
万树园

[見せる中国語]
wǒ xiǎng qù pǔ tuó zōng chéng zhī miào ウォシィアンチュウプウトゥオツォンチャンチイミャオ
私は普陀宗乗之廟に行きたい

我想去普陀宗乘之庙

[見せる中国語]
wǒ xiǎng qù pǔ níng sì
ウォシィアンチュウ
プウニィンスウ
私は普寧寺に行きたい

我想去
普宁寺

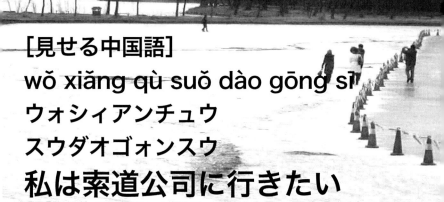

[見せる中国語]
wǒ xiǎng qù suǒ dào gōng sī
ウォシィアンチュウ
スウダオゴォンスウ
私は索道公司に行きたい

我想去
索道公司

[見せる中国語]

wǒ xiǎng qù qì chē dōng zhàn
ウォシィアンチュウ
チイチャアドォンヂィアン

私は承徳東バスターミナルに行きたい

我想去
汽车东站

歩こう
避暑山荘と市街

CHINA
承徳

今はもうないけど地名だけが残る火神廟
このあたりは承徳市街の街歩きが楽しいエリア
中興路にはグルメスポットが集まります

承徳で街歩き

ほんとは世界遺産の避暑山荘と外八廟に行ったあと、あまりの時間に街歩きしたいところですが、承徳では寺廟観光地が連発のため、あらかじめ「ご飯を食べるならココ」という場所を抑えておきたいと思います。承徳の街歩きが楽しいエリアはずばり中興路と西大街です。いずれも「火神廟」の近くになります。中興路には「喬家満族八大椀」や「大三和酒楼」と言った承徳の有名レストランがならびます。一方、西大街は清朝皇帝が北京故宮から輿に乗って承徳避暑山荘に入った御道となっています。承徳は北京のように整然とした街区を

Chengde 歩こう避暑山荘と市街

もつわけじゃなく、避暑山荘に押し出されるようにいびつな街区をしています。街と離宮の比率で離宮があまりに大きすぎるのですね。離宮があって、ちょこっと街があるのが承徳の特徴かもしれません。

避暑山荘行ってみよう

次に避暑山荘です。避暑山荘と一口に言ってもかなり大きいです。その大きさは北京故宮と頤和園を足した以上とのことですので、どれほど避暑山荘が巨大かご理解いただけるでしょう。承徳避暑山荘は故宮をこじんまりとさせたような宮

CHINA
承徳

殿区と園林の苑景区からなります。そして苑景区はさらに湖泊区、平原区、山巒区にわけられ、とくに山巒区が避暑山荘のほとんどの部分をしめます。最初に個人的な見解からランクづけしましたが、1，宮殿区（なかでも正宮の宮殿群）、2，湖泊区（なかでも水心榭と芝径雲堤）、3，平原区（なかでも文津閣、蒙古包、永佑寺）を中心に時間と、相談しながらまわることをおすすめします。平原区から東北二門を出ればそこがバス停の「万樹園」ですから、こちらから外八廟へのアクセスが可能です。

▲左　避暑山荘の麗正門を横から見る。　▲右　平原区に立つ永佑寺舎利塔

避暑山荘はこうやってまわる

・徒歩でまわれる博物館参観路線。宮殿区の正宮を進むルート

・麗正門 丽正门～外午門（博物館入口）外午门（博物馆入口）～内午門 内午门～澹泊敬誠殿 澹泊敬诚殿～四知書屋 四知书屋～照房 照房～煙波致爽 烟波致爽～雲山勝景 云山胜景～岫雲門（出口）岫云门（出口）

・50元かかるカートで景区内環山遊路線。避暑山荘をぐるりとまわるルート

・松鶴清越 松鹤清越～古櫟歌碑 古栎歌碑～四面雲山 四面

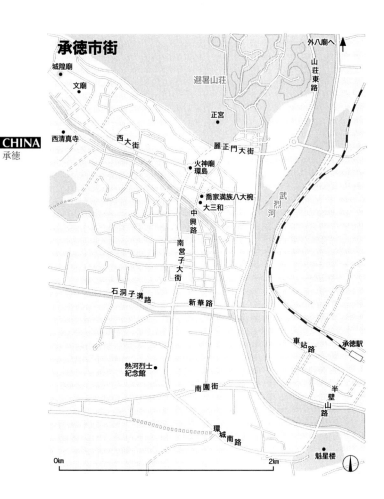

云山～放鶴亭 放鹤亭～宜照斋 宜照斋～西北門 西北门～古俱亭 古俱亭～二馬道 二马道～広元宮 广元宫～青楓緑嶼 青枫绿屿～文津閣 文津阁～水流雲在 水流云在～試馬埭 试马埭～煙雨楼 烟雨楼～芳園居 芳园居

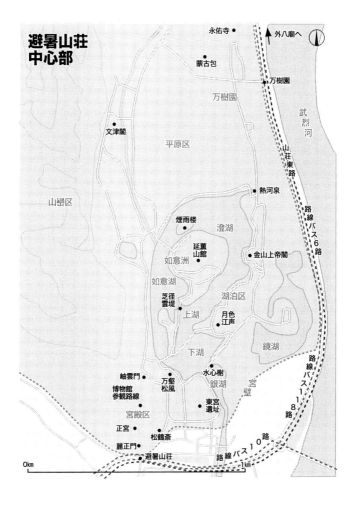

CHINA
承徳

[DATA] **避暑山荘及博物館景区**（避暑山庄及博物馆景区）

・夏120元（冬90元）

・朝8時〜夕方17時半（夏冬で開館時間に30分程度差があるとのこと）

・その他、外八廟と組み合わせるチケットもあり

・最寄り駅、正門の「避暑山荘（避暑山庄）」と東北二門の「万樹園（万树园）」

・避暑山荘はとてつもなく広大

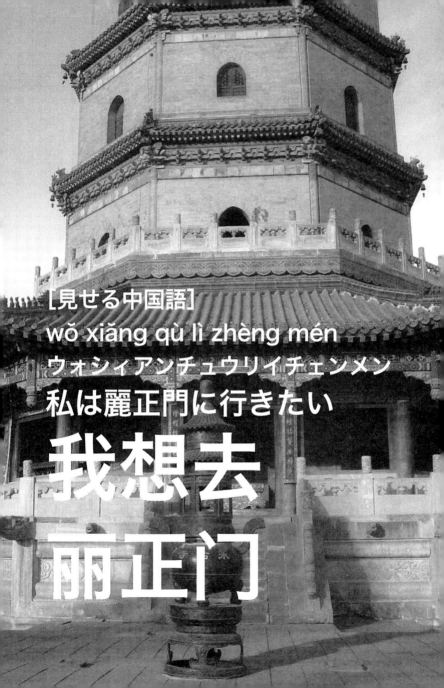

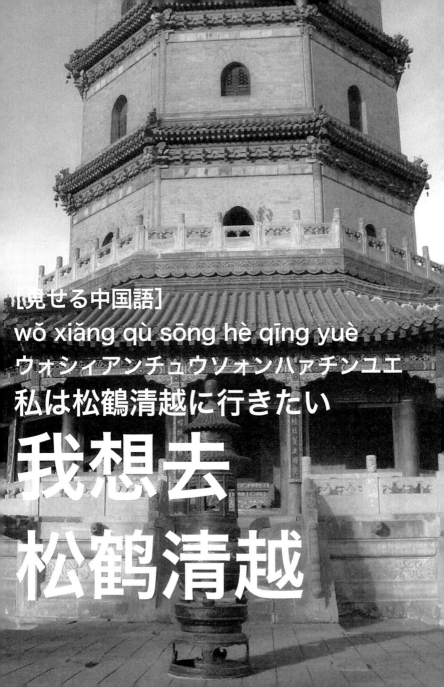

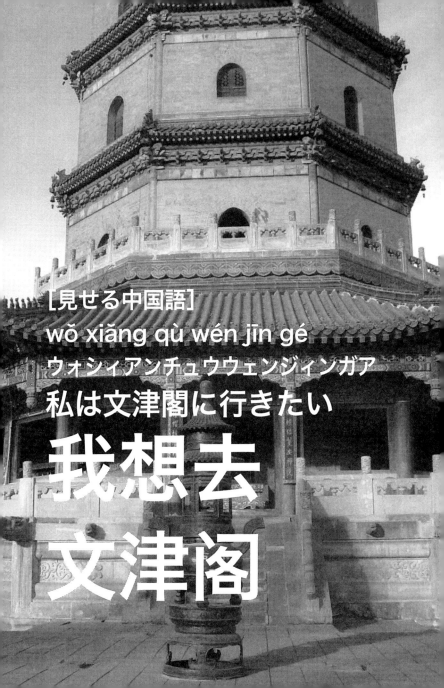

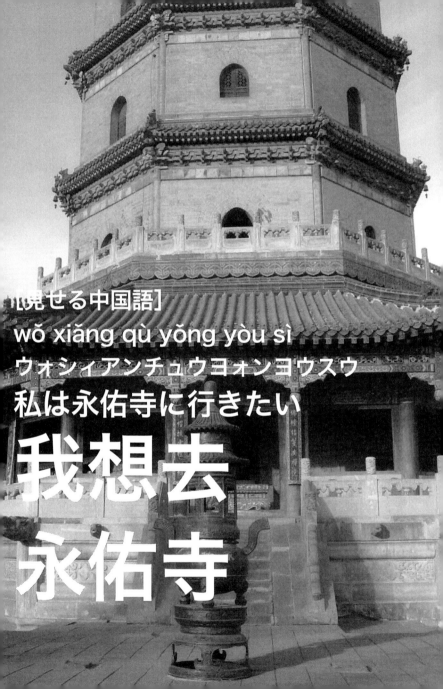

[見せる中国語]
wǒ xiǎng qù yǒng yòu sì
ウォシィアンチュウヨンヨウスウ
私は永佑寺に行きたい
我想去永佑寺

外八廟
行って
みよう

CHINA
承徳

続いて外八廟行ってみましょう
普陀宗乗之廟（小ポタラ宮）、須弥福寿之廟（小タシルンポ寺）
普寧寺（大仏寺）の3つは見逃せません

もうひとつのメイン外八廟

外八廟は見どころ満載なのですが、寺廟が連続するだけにやや観光に疲れます。寺の名前も、普寧寺、普楽寺、溥仁寺とまぎらわしいことこの上なし。そして外八廟ツートップの普陀宗乗之廟、須弥福寿之廟はなんと読んでいいかわかりづらい・・・となると、「どこを、どうまわればいいのか」とまどってしまいます（普陀宗乗之廟は「ふだしゅうじょうしびょう」、須弥福寿之廟は「しゃみふくじゅしびょう」と読みます）。そのため外八廟でも見たいものの順位を決めておくようにしましょう。承徳旅游网では、この外八廟を「普陀宗乗之廟＋

班禅行宮景区」「普寧寺＋普佑寺景区」「磐錘峰＋普楽寺＋安遠廟景区」という３つにわけています。チケットもこの３つにそれぞれ対応します。そして個人的な見解のランキングでは、１,「普陀宗乗之廟＋班禅行宮景区」、２,「普寧寺＋普佑寺景区」、３,「磐錘峰＋普楽寺＋安遠廟景区」となります。

普陀宗乗之廟へ

まず外八廟の奥のほうから。承徳の「小ポタラ宮」こと普陀宗乗之廟へ行ってみましょう。ラサにあるダライ・ラマの宮殿ポタラ宮を承徳に再現したことから、この名前で呼ばれて

CHINA
承徳

います。普陀宗乗之廟へは夏のあいだのみ、路線バス118路が出ています。「承徳鉄道駅」からも、「火神廟」からも、「避暑山荘」からも、「万樹園」からも乗れてしまうオールマイティーな観光路線です。降りる場所は「普陀宗乗之廟」。普陀宗乗之廟の目の前です。普陀宗乗之廟は山の丘陵斜面に伽藍が展開していまして、結構のぼるのに骨が折れます。そのため、観光には「最低1時間程度はかかる」と見ておいたほうがよさそうです。

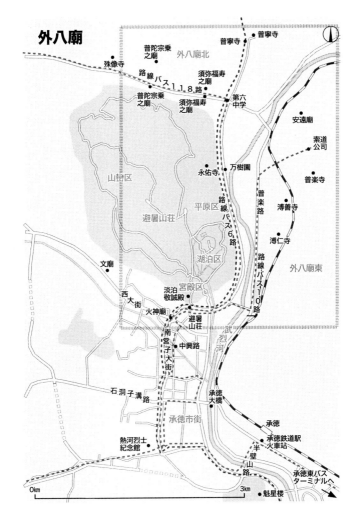

承徳

班禅行宮こと須弥福寿之廟へ

続いて、普陀宗乗之廟のお隣の須弥福寿之廟です。須弥福寿之廟はチベット仏教のもうひとりの指導者パンチェン・ラマの暮らすタシルンポ寺(チベット第2の都市シガツェにある)を映したものとなります。つまり承徳では、ラサのポタラ宮、シガツェのタシルンポ寺が疑似体験できてしまうわけです。両者のあいだは徒歩700m、9分ほどです。この須弥福寿之廟へも夏季のみの路線バス118路が出ていまして、バス停「須弥福寿之廟」は「普陀宗乗之廟」のお隣となっています。「承徳鉄道駅」からも、「火神廟」からも、「避暑山荘」からも、「万

樹園」からも、路線バス118路に乗っていくことが可能です。

［アクセス情報］路線バス118路

・東バスターミナル〜鉄道駅〜避暑山荘〜万樹園〜須弥福寿之廟〜普陀宗乗之廟（外八廟）を結ぶ観光用の路線バス

・夏のあいだのみ運行（4〜10月）

・ひと乗り1元

・汽車東站　汽车东站〜車管所　车管所〜冀東汽車交易市場　冀东汽车交易市场〜双塔山　双塔山〜承徳市公安局　承德市公安局〜行政中心　行政中心〜世紀城　世纪城〜中華保険公司

中華保险公司～火車站 火车站～魁福園小区 魁福园小区～僧冠峰風景区 僧冠峰风景区～南園南口 南园南口～山神廟溝口 山神庙沟口～石油南路 石油南路～体育場 体育场～露露花園 露露花园～裕華路西口 裕华路西口～文化大厦 文化大厦～火神廟 火神庙～避暑山莊 避暑山庄～小南門 小南门～二中 二中～万樹園 万树园～万樹園小区 万树园小区～興隆街 兴隆街～獅子溝派出所 狮子沟派出所～须弥福寿之廟 须弥福寿之庙～普陀宗乘之廟 普陀宗乘之庙～殊相寺 殊相寺～軍区療養院 军区疗养院～羅漢堂 罗汉堂～獅子園東 狮子园东～獅子園 狮子园～北辰電力 北辰电力～水泉溝鎮政府 水泉沟镇政

▲左　ラサのポタラ宮を模して建てられた普陀宗乗之廟。　▲右　中国全土の建築がここ承徳外八廟に集められた

府〜柳樹底　柳樹底〜中心小学　中心小学〜山神廟村　山神庙村〜大沃舗村委会　大沃铺村委会〜大沃舗后街　大沃铺后街〜大沃舗小学　大沃铺小学

冬の場合は少し歩くことに

最初に、「冬、承徳を訪れた」と記したとおり、夏のみ運行する路線バス118路の情報は避暑山庄官方网站に掲載されたものとなっております。実際に乗ったわけではありませんので、お断りしておきます。そして、118路の運行していない冬、どのように普陀宗乗之廟と須弥福寿之廟へ行りばいいの

CHINA
承徳

かを記したいと思います。冬の場合、路線バス6路で普陀宗乗之廟方面と普寧寺方面の道がわかれる「第六中学」まで行き、そこから歩くことです。「第六中学」から普陀宗乗之廟まで徒歩1300m17分、「第六中学」から須弥福寿之廟まで徒歩650m9分の距離となっています。そのため、冬、承徳を観光する場合は、タクシーを利用するか、「第六中学」を起点に外八廟をまわることをお考えください。

外八廟行ってみよう

[DATA] **普陀宗乗之廟 + 班禅行宮景区**
（普陀宗乘之庙 + 班禅行宫景区）

・夏 80 元（冬 60 元）

・朝 8 時〜夕方 17 時半（夏冬で開館時間に 30 分程度差があるとのこと）

・避暑山荘と組み合わせるチケットあり

[見せる中国語]
wǒ xiǎng qù pǔ tuó zōng chéng zhī miào
ウォシィアンチュウプウトゥオツォンチャンチイミャオ
私は普陀宗乗之廟に行きたい
我想去普陀宗乘之庙

[見せる中国語]
wǒ xiǎng qù xū mí fú shòu zhī miào
ウォシィアンチュウスウミイフウショウチイミャオ
私は須弥福寿之廟に行きたい
我想去须弥福寿之庙

[見せる中国語]
wǒ xiǎng qù ān yuǎn miào
ウォシィアンチュウ
アンユゥエンミャオ
私は安遠廟に行きたい

我想去
安远庙

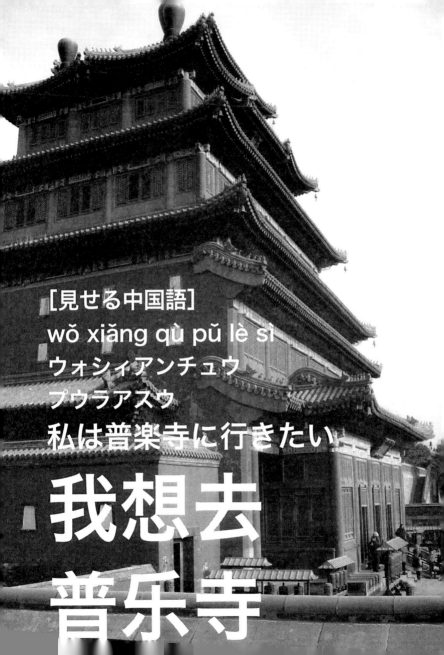

外八廟
行って
みよう2

CHINA
承徳

外八廟もうひとつの見どころが普寧寺です
超巨大な千手観音像が建物内
いっぱいになっているところを見られます

実は承徳ナンバー1満足度の普寧寺

さて続いては普寧寺(大仏寺)に行ってみましょう。外八廟のなかで普陀宗乗之廟(小ポタラ宮)や須弥福寿之廟(小タシルンポ寺)とならんで、普寧寺は絶対にはずしたくないスポットです。というより、普寧寺が一番満足度の高い寺廟でした。普寧寺へは路線バス6路と26路が出ています。乗り場はともに「火神廟」「避暑山荘」「万樹園」からです。普陀宗乗之廟(小ポタラ宮)方面から普寧寺を訪れる場合、「第六中学」まで歩くか、「興隆街(兴隆街)」下車で同じく「興隆街(兴隆街)」から、路線バス6路か26路に乗っていきましょ

う。普陀宗乗之廟（小ポタラ宮）から普寧寺（大仏寺）まで徒歩だと2300m29分になります。

［アクセス情報］路線バス6路

・ひと乗り1元

・朝6時40分〜16時50分、10分間隔

・承徳石油高専 承徳石油高专〜承徳師専 承徳师专〜承徳一中 承徳一中〜旅遊学院 旅游学院〜鳳凰山大橋 凤凰山大桥〜財苑嘉地小区 财苑嘉地小区〜玻璃藝術館 玻璃艺术馆〜開発区管委会 开发区管委会〜克羅尼公司 克罗尼公司〜四海集

団 四海集団～金都緑洲 金都绿洲～承徳人才市場 承德人才市场～京承公路管理処 京承公路管理处～腾飛公司 腾飞公司～金竜建材城 金龙建材城～半壁山橋 半壁山桥～熱力集団 热力集团～魁福園小区 魁福园小区～園林賓館 园林宾馆～南園北口 南园北口～桃李街南口 桃李街南口～体育場 体育场～露露公司 露露公司～ 裕華路西口 裕华路西口～文化大厦 文化大厦～火神廟 火神庙～避暑山荘 避暑山庄～小南門 小南门～二中 二中～万樹園 万树园～万樹園小区 万树园小区～興隆街 兴隆街～第六中学 第六中学～長城種業 长城种业～大仏寺（普寧寺）大佛寺（普宁寺）～二六六医院 二六六

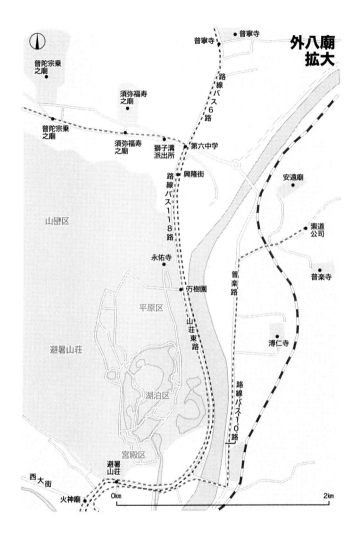

外八廟拡大

Chengde | 外八廟行ってみよう2

承徳

医院～公交三公司 公交三公司

巨大千手観音像が。。。

個人的に、普寧寺は避暑山荘、外八廟すべてあわせて一番おすすめな見どころです。何がおすすめ？　ともかく普寧寺大乗閣、そしてそのなかの仏像です。大乗閣は「凸の字型」をした建物ですが、こんなかたちの建物あまり見たことない、しかも真っ赤に彩られてて、ど派手です。さらにこの大乗閣のなかに入ってみると、信じられないほど大きな千手観音像が安置されています。高さ22.28m、重さ110トンだそうです。

▲左 巨大な千手観音像を安置する普寧寺。　▲右 こちらは北京天壇の建築が再現された普楽寺

見上げると、首が疲れてしまうほどの、大きさでした。この普寧寺では、チベット仏教の法要も見られました。各種楽器をもちいながら、お経をあげているチベット仏教僧の様子に感激したものです。

[DATA] **普宁寺＋普佑寺景区**（普宁寺＋普佑寺景区）
・夏80元（冬60元）
・朝8時〜夕方17時半（夏冬で開館時間に30分程度差があるとのこと）
・避暑山荘と組み合わせるチケットあり

承徳

磬錘峰のぼってみる？

外八廟のもうひとつの見どころ、外八廟東へ向かいましょう。このエリアは「磬錘峰＋普楽寺＋安遠廟景区」と言います。こちらは優先度から行くと、上記の普陀宗乗之廟（小ポタラ宮）、須弥福寿之廟（小タシルンポ寺）、普寧寺（大仏寺）にくらべると少し落ちますので、時間があるかたへのおすすめポイントとなります。ちなみに磬錘峰は承徳の大部分の場所から直接見えますが、反対に磬錘峰あたりから見る、普陀宗乗之廟（小ポタラ宮）や須弥福寿之廟（小タシルンポ寺）の景色はとても素晴らしいものでした。

リフトに乗ろう

磐錘峰へはケーブルカーが山下から山上へ出ています。このケーブルカー乗り場を「索道公司」と言います。「火神廟」か「避暑山荘」から路線バス10路に乗ってバス停「索道公司」下車になります。「索道公司」はちょうど南側の普楽寺、北側の安遠廟の中間ぐらい、ともに徒歩600〜700m、8〜9分程度の距離のため、このあたりの観光拠点になるでしょう。なおこの磐錘峰へのリフトも実際に乗っていない避暑山荘官方網站掲載の情報であることをお断りしておきます（冬は休み？？）。

承徳

[DATA] **磐錘峰 + 普楽寺 + 安遠廟景区**
(磐锤峰 + 普乐寺 + 安远庙景区)

・50元

・朝8時〜夕方17時半（夏冬で開館時間に30分程度差があるとのこと）

・避暑山荘と組み合わせるチケットあり

[DATA] **路線バス10路**

・ひと乗り1元

・朝6時〜18時、10分間隔

・青年楼 青年楼～医学院家属楼 医学院家属楼～牛圈子溝小学 牛圈子沟小学～電力家属楼 电力家属楼～銀行家属楼 银行家属楼～体育場 体育场～露露公司 露露公司～新華飯店 新华饭店～汽車站 汽车站～義泰興小区 义泰兴小区～藍島大厦 蓝岛大厦～商城 商城～通済橋 通济桥～太平橋小区 太平桥小区～火神廟 火神庙～避暑山荘 避暑山庄～小南門 小南门～大老虎溝 大老虎沟～交警支隊 交警支队～喇嘛寺 喇嘛寺～索道公司 索道公司

承德

[DATA] 登山索道
・片道30元（往復50元）

承徳見て食べたもの

CHINA
承徳

北京から近い距離で観光できる承徳
空いた時間で街をぶらぶら
満州族の料理なんかも味わってみましょう

超絶に寒かった承徳の冬

承徳を訪れた冬の12月末のことです。北京23時17分発の夜行に乗って、承徳には早朝5時ごろ着きました。承徳に着いて驚いたのが、北京をはるかに凌駕する承徳の冬の厳しさです。夜が明ける前の暗さのなか、承徳駅前の食堂でビールを飲みながら、朝ごはん。そして、外八廟をまわるプランをねっていました。やがて手持ちぶたさになってしまったので、外八廟の勇姿が見られるかもしれない、とまずはタクシーで普陀宗乗之廟まで行ってみたのです。タクシーを降りると、骨の髄まで凍りそうな寒さ。そこでトイレのなかに入り、が

承徳見て食べたもの | Chengde

くがくぶるぶる、と北京でも味わうことのできないような寒さに耐えていたのでした（不覚にもトイレで暖をとることになりました）。

売店の人は、冬でもテントに寝泊まりしていた

普陀宗乗之廟や須弥福寿之廟の前には、観光客向けの雑貨を売るテントの売店があります。そして、あまりにも寒そうで痛ましい様子を見た売店（開店前）の中国人は「なかに入れ」とテントのなかに入れてくれたのです。テントはビニールや段ボールを周囲にめぐらし、外気が入ってこないように隙間

CHINA
承徳

を埋める工夫をしていました。そして、驚いたことにこのテント（昼間売店へと変身する）のなかで親子3人が生活していたのです。きちんとした外壁のないテントのなかで、分厚い毛布を何重にも重ねあわせて外気がなかに入らない特製のベッドをつくっていました。そして、普陀宗乗之廟が開くまで火鉢にあたりながら、待機させてもらったのでした。

承徳で八大碗

承徳中興路あたりにレストランがずらりとならんでいて、満州族の郷土料理八大碗がおすすめです。よく承徳の名物料理

▲左 sihai（四海）ビール。　▲右　レンガのような豆腐、ネギがまぶしてある

として紹介される喬家満族八大椀。食べてみました。中華料理全体でも言えることですが、承徳で食べた料理は1品がとにかく巨大でした。写真をごらんください。レンガみたいな豆腐も出されました。また列車待ちのあいだに入ったレストランで飲んだビールです。「sihai（四海）」ビールです。ロゴをよくご覧ください。どこかで見たことのあるような、ないようなロゴでした。

整体師にマッサージしてもらいました

もうひとつ。列車を待つ時間に、整体師にマッサージをして

CHINA
承徳

もらいました。ふたりで頼んであわせて100元(ひとり50元)。お父さんがマッサージ、そして娘さんが英語で話かけてくるという2対2のパターンでした。そのなかで、「身体が冷えてしまっている」「防寒対策が足りていない」というような話をされました。「熱河とはHot Riverのこと」「だから暖かいと思っていた」。そう返すと親子ふたりは大笑い。もちろんふたりとも、承徳の古名熱河やその地名の由来となったものについてはよく承知でしょうが、冬（12月）の中国、長城線以北は寒いに決まっているのです。そのため、もしも冬、承徳を旅行するという場合、防寒対策には充分お気をつけください。

さあ北京へ帰ろう

承徳から北京への道
鉄道と中距離バスが出ています
さようなら承徳

北京へ

北京へ帰るには、承徳駅からの鉄道と承徳東バスターミナルからのバスを利用するふたつの方法があります。実は鉄道よりバスのほうが早いのですが、バスターミナルはやや南郊外に離れています。承徳市街と承徳東バスターミナルは路線バス1路、118路が結んでいますのでご確認ください。

承徳

［アクセス情報］鉄道で承徳から北京

・乗り場は承徳駅

・所要4時間半〜6時間

・1〜数時間に1本程度

・料金硬臥59元（乗る座席のタイプで100元程度まで変動あり。硬臥は2等寝台車）

さあ北京へ帰ろう

[アクセス情報] バスで承徳から北京

・乗り場は市街から南郊外の承徳東バスターミナル（承徳汽车东站）。着くのは六里橋バスターミナル(六里橋长途汽車站)か、四恵バスターミナル（四惠长途汽车站）

・所要3時間半

・30分〜1時間に1本程度

・料金85元程度（乗るバスで変動あり）

［見せる中国語］
wǒ xiǎng qù běi jīng
ウォシィアンチュウベェイジィン
私は北京に行きたい
我想去
北京

おまけで
金山嶺
長城へ

CCTVの映像でも有名な万里の長城
それは金山嶺長城の勇姿です
もっとも美しい万里の長城を見に行きましょう！

金山嶺長城って実は

てっきり北京のものだったと思っていた金山嶺長城。実は河北省承徳市の領域だった模様です（ちょうど境）。承徳を旅したときと違って、金山嶺長城を旅したのは夏でした。たしか古北口から河北省方面へ抜け、それから北京市と河北省の境界に戻るという感じでした。万里の長城で「一番美しいのは金山嶺長城」とも言われますが、たしかに噂に違わぬ美しさ。とても金山嶺長城を満足できました。

CHINA
承徳

金山嶺長城への道

金山嶺長城を訪れるにあたって、少しややこしいルートをたどりました。まず北京東直門から路線バスで密雲県、密雲県から古北口と乗り継ぎます。古北口からはワゴンと交渉して、金山嶺長城と司馬台長城をまわりました。そして密雲県に戻ってまいりました。密雲県からタクシーで興隆県、そこから天津薊県にある黄崖関長城。黄崖関長城から薊県へ。路線バスとタクシーを乗り継ぎながらまわったものでした。金山嶺長城界隈では、ヒッチハイクをするのが地元の人のあいだでも一般的でした（もちろん相応のお金を払います）。金

金山嶺長城

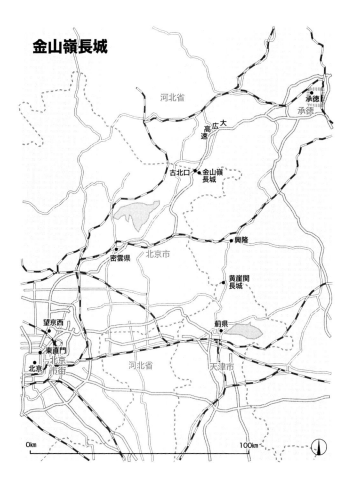

Chengde

おまけで金山嶺長城へ

承徳

山嶺長城は素晴らしい長城なんだけど、公共交通にやや難のある観光地だなと感じました。

夏の間は特別にバスが出るのだとか

ところで、実際は上記のルートをたどったのですが、夏のあいだだけ特別に北京から金山嶺長城への観光バス（北京旅游専線）が出ているようです。4〜10月のあいだ、北京地下鉄13号線と15号線の望京西駅を8時出発で金山嶺長城行き。帰り、金山嶺長城15時発望京西駅行き。とのことです。こちらの情報は伝聞情報になりますので、ご自身の目でご確認

▲左　地形にそって走る金山嶺長城。　▲右　遠くて不便だが、行く価値あり

いただければと思います。

[DATA] 金山嶺長城

・承徳市灤平県巴克什営鎮花楼溝村

・65 元（秋冬 55 元）

・朝 8 時～夕方 17 時（夏冬で開館時間に 30 分程度差があるとのこと）

[見せる中国語]
wǒ xiǎng qù
jīn shān lǐng cháng chéng
ウォシィアンチュウ
ジィンシャンリンチャンチャァン
私は金山嶺長城に行きたい

我想去
金山岭长城

あとがき

　20代のときは1ルピーでも安くあげたい。という気持ちで旅していました。リキシャでも、ホテルでも、とにかく交渉。交渉。交渉。そして、現地人と同じものを食べ、同じ価格で宿泊して旅することが、真の旅なのだと。

　2000年代前半、インドのバラナシあたりでは1泊1＄（≒100円）ほどの宿だってめずらしくなく、日本との物価差のある海外では随分安く旅行ができると思っていました。しかし、世界は広いもので、私が訪れた中央アジアの国（大都市

CHINA
承徳

以外)では「人を宿泊させるのにお金はとらない」という慣習に出合いました。普通のチャイハネでは1食食べれば、ごろごろとその日を過ごせる(宿泊も無料でOK)。チャイハネがないような場所では、そこに暮らす人の家でお世話になる。といったスタイルの国や地域も、21世紀初頭までは存在していたのです。

　こうした旅行のスタイルから、ヒッチハイクさせてもらったらその分のお金を払う、少しばかりの心づけをする、水まわりのきれいなホテルに泊まりたい、タクシーをチャーターして効率よく観光地をまわる。といったスタイルに30代に

あとがき

なる前ごろから変わっていきました。そして、「すべて路線バスで旅する」というより、状況を見極めてタクシーに乗って旅するのをおすすめするのが『Tabisuru CHINA 003 自力で承徳』でご案内した承徳という街です。

　承徳は世界遺産の避暑山荘、チベットのポタラ宮を模した普陀宗乗之廟、タシルンポ寺を模した須弥福寿之廟などの外八廟はじめ、とにかくひとつひとつの観光地が巨大で、観光するのにパワーを使います。そして、それらはほどよい近距離に点在していますから、タクシーを使って効率よく旅行なさる案もおすすめします。「小ポタラ宮」こと普陀宗乗之廟は、

CHINA
承徳

ちょうど避暑山荘正門（市街部）の真逆に位置します。けれども、承徳は中国を代表する観光地。きっとタクシーは現れることでしょう（「○○へ行きたい」ときちんと交渉してください）。

　最後になりますが、2010年代からスマホまわりを中心に急速に旅行スタイルの変化が起こっています。現在、ネット、アプリ、電子書籍などで次々にリリースされている旅行サービスを、それまでの「1冊の旅行ガイドをもって旅したスタイルからの変化」という意味で、私は「旅行ガイド革命」と呼んでいます。現在、起こっているこの大きな「旅行ガイド

革命」の流れのなか、アクセス情報だけが掲載された旅行ガイド『Tabisuru CHINA 003 自力で承徳』をお使いいただいたみなさまの旅行がより豊かなものになれば、大変うれしく思います。

　　　　　　　　　　　　2015 年 7 月 4 日　たきざわ旅人

参考資料

中国承徳ガバメント（中国語）http://www.chengde.gov.cn/

承徳旅游网（中国語）http://www.cncdt.com

避暑山庄官方网站（中国語）http://www.bishushanzhuang.com.cn/

［PDF］承徳 STAY（ホテル＆レストラン情報）http://machigotopub.com/pdf/chengdestay.pdf

まちごとパブリッシングの旅行ガイド

Machigoto INDIA , Machigoto ASIA , Machigoto CHINA

【北インド - まちごとインド】

001 はじめての北インド
002 はじめてのデリー
003 オールド・デリー
004 ニュー・デリー
005 南デリー
012 アーグラ
013 ファテープル・シークリー
014 バラナシ
015 サールナート
022 カージュラホ
032 アムリトサル

【西インド - まちごとインド】

001 はじめてのラジャスタン
002 ジャイプル
003 ジョードプル
004 ジャイサルメール
005 ウダイプル
006 アジメール（プシュカル）
007 ビカネール
008 シェカワティ
011 はじめてのマハラシュトラ
012 ムンバイ
013 プネー
014 アウランガバード
015 エローラ
016 アジャンタ
021 はじめてのグジャラート
022 アーメダバード
023 ヴァドダラー（チャンパネール）
024 ブジ（カッチ地方）

【東インド - まちごとインド】

002 コルカタ
012 ブッダガヤ

【南インド - まちごとインド】

001 はじめてのタミルナードゥ
002 チェンナイ
003 カーンチプラム
004 マハーバリプラム
005 タンジャヴール
006 クンバコナムとカーヴェリー・デルタ
007 ティルチラパッリ
008 マドゥライ
009 ラーメシュワラム
010 カニャークマリ
021 はじめてのケーララ
022 ティルヴァナンタプラム
023 バックウォーター（コッラム〜アラップーザ）
024 コーチ（コーチン）
025 トリシュール

【ネパール - まちごとアジア】

001 はじめてのカトマンズ
002 カトマンズ
003 スワヤンブナート

004 パタン
005 バクタプル
006 ポカラ
007 ルンビニ
008 チトワン国立公園

【バングラデシュ - まちごとアジア】

001 はじめてのバングラデシュ
002 ダッカ
003 バゲルハット（クルナ）
004 シュンドルボン
005 プティア
006 モハスタン（ボグラ）
007 パハルプール

【パキスタン - まちごとアジア】

002 フンザ
003 ギルギット（KKH）
004 ラホール
005 ハラッパ
006 ムルタン

【イラン - まちごとアジア】

001 はじめてのイラン
002 テヘラン
003 イスファハン
004 シーラーズ
005 ペルセポリス
006 パサルガダエ（ナグシェ・ロスタム）
007 ヤズド
008 チョガ・ザンビル（アフヴァーズ）
009 タブリーズ
010 アルダビール

【北京 - まちごとチャイナ】

001 はじめての北京
002 故宮（天安門広場）
003 胡同と旧皇城
004 天壇と旧崇文区
005 瑠璃廠と旧宣武区
006 王府井と市街東部
007 北京動物園と市街西部
008 頤和園と西山
009 盧溝橋と周口店
010 万里の長城と明十三陵

【天津 - まちごとチャイナ】

001 はじめての天津
002 天津市街
003 浜海新区と市街南部
004 薊県と清東陵

【上海 - まちごとチャイナ】

001 はじめての上海
002 浦東新区
003 外灘と南京東路
004 淮海路と市街西部
005 虹口と市街北部
006 上海郊外（龍華・七宝・松江・嘉定）
007 水郷地帯（朱家角・周荘・同里・甪直）

【河北省 - まちごとチャイナ】

001 はじめての河北省
002 石家荘
003 秦皇島
004 承徳
005 張家口
006 保定
007 邯鄲

【江蘇省 - まちごとチャイナ】

001 はじめての江蘇省
002 はじめての蘇州
003 蘇州旧城
004 蘇州郊外と開発区
005 無錫
006 揚州
007 鎮江
008 はじめての南京
009 南京旧城
010 南京紫金山と下関
011 雨花台と南京郊外・開発区
012 徐州

【浙江省 - まちごとチャイナ】

001 はじめての浙江省
002 はじめての杭州
003 西湖と山林杭州
004 杭州旧城と開発区
005 紹興
006 はじめての寧波
007 寧波旧城
008 寧波郊外と開発区
009 普陀山
010 天台山
011 温州

【福建省 - まちごとチャイナ】

001 はじめての福建省
002 はじめての福州
003 福州旧城
004 福州郊外と開発区
005 武夷山
006 泉州
007 厦門
008 客家土楼

【広東省 - まちごとチャイナ】

001 はじめての広東省
002 はじめての広州
003 広州古城
004 天河と広州郊外
005 深圳（深セン）
006 東莞
007 開平（江門）
008 韶関
009 はじめての潮汕
010 潮州
011 汕頭

【遼寧省 - まちごとチャイナ】

001 はじめての遼寧省
002 はじめての大連
003 大連市街
004 旅順
005 金州新区

006 はじめての瀋陽
007 瀋陽故宮と旧市街
008 瀋陽駅と市街地
009 北陵と瀋陽郊外
010 撫順

【重慶 - まちごとチャイナ】

001 はじめての重慶
002 重慶市街
003 三峡下り（重慶〜宜昌）
004 大足

【香港 - まちごとチャイナ】

001 はじめての香港
002 中環と香港島北岸
003 上環と香港島南岸
004 尖沙咀と九龍市街
005 九龍城と九龍郊外
006 新界
007 ランタオ島と島嶼部

【マカオ - まちごとチャイナ】

001 はじめてのマカオ
002 セナド広場とマカオ中心部
003 媽閣廟とマカオ半島南部
004 東望洋山とマカオ半島北部
005 新口岸とタイパ・コロアン

【Juo-Mujin（電子書籍のみ）】

Juo-Mujin 香港縦横無尽
Juo-Mujin 北京縦横無尽
Juo-Mujin 上海縦横無尽

【自力旅游中国 Tabisuru CHINA】

001 バスに揺られて「自力で長城」
002 バスに揺られて「自力で石家荘」
003 バスに揺られて「自力で承徳」
004 船に揺られて「自力で普陀山」
005 バスに揺られて「自力で天台山」
006 バスに揺られて「自力で秦皇島」
007 バスに揺られて「自力で張家口」
008 バスに揺られて「自力で邯鄲」
009 バスに揺られて「自力で保定」
010 バスに揺られて「自力で清東陵」
011 バスに揺られて「自力で潮州」
012 バスに揺られて「自力で汕頭」
013 バスに揺られて「自力で温州」

【車輪はつばさ】
南インドのアイラヴァテシュワラ寺院には建築本体に車輪がついていて寺院に乗った神さまが人びとの想いを運ぶと言います。

・本書はオンデマンド印刷で作成されています。
・本書の内容に関するご意見、お問い合わせは、発行元のまちごとパブリッシング info@machigotopub.com までお願いします。

Tabisuru CHINA 003
バスに揺られて「自力で承徳」
〜自力旅游中国［モノクロノートブック版］

2017年11月14日　発行

著　者	「アジア城市（まち）案内」制作委員会
発行者	赤松　耕次
発行所	まちごとパブリッシング株式会社 〒181-0013　東京都三鷹市下連雀4-4-36 URL http://www.machigotopub.com/
発売元	株式会社デジタルパブリッシングサービス 〒162-0812　東京都新宿区西五軒町11-13 清水ビル3F
印刷・製本	株式会社デジタルパブリッシングサービス URL http://www.d-pub.co.jp/

MP173

ISBN978-4-86143-307-8 C0326　　　Printed in Japan
本書の無断複製複写（コピー）は、著作権法上での例外を除き、禁じられています。